Generis
PUBLISHING

La reforma al Poder Judicial Mexicano: su impacto a los derechos humanos y la independencia judicial

José Alberto Díaz Piña

Title: ***La reforma al Poder Judicial Mexicano: su impacto a los derechos humanos y la independencia judicial***

ISBN: 979-8-89966-177-8

Author: José Alberto Díaz Piña

Cover image: www.pixabay.com

Publisher: Generis Publishing
Online orders: www.generis-publishing.com
Contact email: info@generis-publishing.com

Reforma al Poder Judicial Mexicano: un Desafío para los Derechos Humanos y la Independencia Judicial

José Alberto Díaz Piña

https://orcid.org/0009-0004-3130-5189

alberto_diaz1406@outlook.com

Investigador Independiente

Tenosique, Tabasco, México

Contenido

INTRODUCCIÓN

La reciente reforma al Poder Judicial mexicano ha generado un intenso debate en el ámbito político, social y jurídico, no solo por sus implicaciones en la estructura y funcionamiento del sistema de justicia mexicano, sino también por los desafíos que representa para la protección de los derechos humanos y el cumplimiento de los tratados internacionales suscritos por México. Esta reforma, impulsada con el objetivo de fortalecer la independencia judicial y mejorar la impartición de justicia, plantea cambios significativos en la organización y competencias de los tribunales, así como en los mecanismos de selección y evaluación de los integrantes de la judicatura, por lo cual resulta necesario realizar diversos estudios que coadyuven a la comprensión de la independencia de la judicatura y el porqué del principio de la división de poderes y su importancia para la instauración de una democracia.

Uno de los principales puntos de controversia radica en el impacto que estas modificaciones podrían tener en la garantía de los derechos humanos. México, como parte de diversos tratados internacionales en materia de derechos humanos, tiene la obligación de asegurar que su marco jurídico interno esté alineado con los estándares internacionales, resultado de las reforma constitucional en materia de derechos humanos del año 2011, que en el ámbito de la jurisdicción domestica mexicana se le denomino "Nuevo Parámetro de Control de la Regularidad Constitucional" pues a partir de dicha reforma se hicieron compatibles el paradigma constitucional con el convencional fortaleciendo de esta manera el espíritu de los derechos humanos en México.

Además, la reforma plantea interrogantes sobre la autonomía judicial y la posibilidad de injerencias políticas que podrían afectar no solamente la imparcialidad de las decisiones judiciales, sino también la especialización, pues al someterse la integración de este poder a la democratización, la curva de aprendizaje afectaría gravemente a los justiciables. Esto es particularmente relevante en un contexto donde la independencia del Poder Judicial es fundamental para salvaguardar los derechos fundamentales y mantener el equilibrio de poderes en un estado democrático de derecho.

En este escenario, es crucial analizar cómo la reforma al Poder Judicial mexicano puede armonizarse con los compromisos internacionales adquiridos por México en materia de derechos humanos, así como identificar los posibles riesgos y oportunidades que esta transformación conlleva. La implementación efectiva de la reforma requerirá un enfoque que priorice la transparencia, la rendición de cuentas y el respeto irrestricto a los derechos humanos, asegurando que el sistema de justicia en México no solo sea eficiente, sino también justo y equitativo para todos los ciudadanos.

A lo largo del presente trabajo se analizan diversas cuestiones de la reforma constitucional realizada el 15 de septiembre de 2024 por el régimen actual en México, pues, dicha reforma presenta un fuerte impacto al estado de derecho y a la democracia, así como a lo que estas representan dentro de la historia mexicana, donde dichas condiciones establecidas en la reforma judicial propician escenarios donde el poder en turno pueda limitar y restringir el ejercicio de los derechos a su favor y propiciar una dictadura moderna, la cuales se caracterizan por atraques a los derechos de las personas así como a los mecanismos de protección de los mismos.

Asimismo, es necesario delimitar los alcances de dicha reforma, pues, no solo se limita a las personas pertenecientes a la judicatura sino también a las que acuden a esta para la impartición de justicia, así como a los estándares nacionales para la protección de los derechos humanos reconocidos por el Estado mexicano y los estándares internacionales de la división de poderes y la independencia de la judicatura para el reconocimiento de la democracia y de un estado de derecho, por lo cual se analizó el texto actual de la reforma así como los estándares internaciones, los derechos humanos de corte convencional así como la historia que ha seguido a la judicatura mexicana desde su creación y la participación de la ciudadanía dentro de la misma.

De igual forma, debemos partir de la pregunta ¿la nueva reforma al Poder Judicial verdaderamente representa un instrumento para fortalecer la democracia sin atentar en contra de los derechos humanos de corte constitucional y convencional?, pues tiene tanto alcance como para dar paso a una dictadura que pueda restringir el goce y ejercicio de derechos fundamentales, así como el fin de la democracia en México.

Metodología

La presente investigación parte del planteamiento ¿la nueva reforma al Poder Judicial verdaderamente representa un instrumento para fortalecer la democracia sin atentar en contra de los derechos humanos de corte constitucional y convencional?, pues, una reforma de tal magnitud, como lo es esta, no solo puede tener efectos limitados a las personas juzgadoras sino que representa repercusiones para todo el país, no solo a nivel jurídico sino también a nivel político y social, por lo cual surge la hipótesis de que "la nueva reforma judicial representa un fuerte desafío para la independencia judicial y los derechos humanos" esto derivado de los cambios planteados en dicha reforma, los cuales apuntan hacia una politización del Poder Judicial con un claro intervencionismo por parte del régimen político que sepulta el principio de la división de poderes estipulado dentro del texto constitucional.

Para responder la pregunta de investigación y confirmar o negar la hipótesis planteada, se realizó una investigación de tipo jurídico-documental con un enfoque normativo-analítico, pues, se realizó el análisis de diferentes tipos de documentos, desde tratados y convenciones internacionales hasta legislación interna federal y local para la comprensión del contenido de la reforma al poder judicial del 2024 así como de los estándares internacionales y teóricos para la instauración de una verdadera democracia así como de una verdadera justicia pronta y expedita, pues, resulta necesario revisar a profundidad lo planteado dentro de la reforma constitucional propuesta y su concordancia con los estándares internacionales en materia de derechos humanos y de la división de poder así como los textos teóricos jurídicos de diversos investigadores, determinando si dicha reforma cumple con las obligaciones internacionales adquiridas por México antes de la reforma y las consecuencias de que la aprobación de la misma no cumpla con estos estándares internacionales.

La documentación seleccionada se basó, en cuanto a jurisprudencias, casos, tratados y convenciones internacionales, bajo el criterio de si México forma parte de los mismos, pues, solo presupone obligaciones para el Estado mexicano estando dentro de dichos instrumentos así como de idoneidad para ser aplicados o replicados dentro del territorio mexicano y su similitud con el contenido de la reforma realizada el 15 de septiembre de 2024, de igual forma en cuanto a los textos académicos, estos fueron seleccionados debido a su relevancia y su gran a porte a la investigación, pues, abordan cuestiones que, principalmente, han generado incertidumbre y pánico dentro del estado de derecho instaurado dentro del sistema legal mexicano, pudiendo así responder si dichas preocupaciones se hallan sustentadas o simplemente se basan en conjeturas y suposiciones.

De igual forma, es necesario resaltar, que, dicha investigación sigue el método histórico, pues, se realizó un análisis del Poder Judicial y los cambios que ha sufrido a lo largo de la historia Mexicana así como la forma de designación de los miembros de los diferentes tribunales que conforman a dicho órgano del Estado así como las facultades y competencias que ha tenido, destacando, que, desde 1857 el Poder Judicial había sufrido cambios orientados hacia la mejora en la impartición de la justicia y la protección de los derechos humanos; asimismo, cabe señalar, que, los documentos históricos analizados fueron seleccionados bajo un criterio de similitud de circunstancias, pues, se pretendía conocer si el Estado mexicano el algún momento de su historia había propiciado un sistema similar al planteado en la reforma judicial de 2024.

I. Reformas al Poder Judicial Mexicano

México ha sido un país que ha atravesado muchos cambios a lo largo de su historia desde su independencia en el año de 1821, la revolución mexicana en 1910 y la más reciente serie de reformas constitucionales realizadas en el año 2024, esto tanto en un contexto social como en un contexto político, es por ello, que, a lo largo de la historia mexicana se han realizado diversas reformas legales en materia de poderes del Estado y de la división del poder, no obstante, es necesario centrarse en el órgano de Estado más importante en la defensa y sostenimiento del estado de derecho, el Poder Judicial, órgano al que se le confirió la ardua labor de defender los derechos y prerrogativas de las personas frente al gigante que representa el Estado.

El Poder Judicial y la división de poderes en México hacen su primera aparición dentro del texto constitucional de 1824, en donde, dentro de su Título II numeral 6 establecía "Se divide el supremo poder de la federación para su ejercicio, en legislativo, ejecutivo y judicial", siendo esta la primera vez que se mencionaría de forma expresa y clara la división de poderes, además de establecer competencias específicas para cada poder, confiriendo, a grosso modo, competencias para conocer de los litigios y controversias legales que se pudieran presentar entre particulares y entre estos y los poderes de la unión.

Asimismo, la constitución de 1824 establecía, en su artículo 124, la integración de la SCJN la cual dependía de 11 ministros y un fiscal, los cuales debían estar instruidos en la ciencia del derecho y ser avalados por las legislaturas de las Entidades Federativas, pues, eran estas quienes debían realizar un listado de 12 candidatos para ocupar los cargos de ministro de la SCJN y de fiscal, el procedimiento de elección queda establecido desde el artículo 128 al artículo 135, donde se establecía, que, la elección de jueces se realizaría mediante mayoría calificada de las legislaturas de las entidades federativas, siendo estas quienes debían remitir al consejo del gobierno una lista certificada con los 12 miembros elegidos de la SCJN, acto seguido se procedía al análisis de las elecciones realizadas en cada legislatura y deberá enlistar a los candidatos que hayan cumplido con los requisitos de elegibilidad.

La constitución de 1824 establecía un método de elección complejo, pues, un congreso local necesitaba aprobar la candidatura, que avalaba las capacidades del candidato para ocupar el cargo de ministro de la SCJN, así como la aprobación del poder Legislativo Federal a través de la cámara de diputados y senadores para que la elección y designación del cargo pudiera calificarse de legitima y así poder desempeñar legalmente el cargo, el padrón electoral intervenía indirectamente, pues elegían a los integrantes del congreso local y federal como sus representantes para diversos supuestos de derecho contenidos dentro del texto constitucional.

Entre 1824 y 1857 México atravesó diferentes sucesos relacionados con la forma de gobierno, pues, aún existían disputas internas por el poder, por lo que es hasta 1857 con la promulgación de la constitución, que, se regresa a la República Democrática y se pretende dar continuidad y crear una nación sólida, prueba de ello es que la base de este texto constitucional fueron los derechos del hombre buscando otorgarle y reconocerle ciertas prerrogativas para la protección y conservación de su dignidad.

En la Constitución de 1857 también se establecen los requisitos de integración y funcionamiento de la SCJN, que, según los artículos 91 y 92, se integraba por 15 ministros, que duraban seis años y se seleccionarían mediante elección directa en primer grado.

Derivado de esto surge una interrogante ¿cómo funcionaba la elección indirecta en primer grado? El pueblo votaba por representantes electorales según fueran divididos los distritos electorales de acuerdo al municipio y a la entidad federativa, estos eran quienes se encargaban propiamente de elegir mediante escrutinio secreto al Presidente de la República y al Presidente de la Suprema Corte de Justicia, de igual forma, los representantes electorales eran los encargados de realizar la elección de magistrados de la SCJN, la cual, de acuerdo con el numeral 48 de la Ley Orgánica Electoral, "se harán al tercer día de haberse nombrado los diputados, eligiéndose uno a uno diez propietarios, cuatro suplementarios, un fiscal y un procurador" (Ley Orgánica Electoral, 1857, art. 48), siendo representantes del pueblo los que elegían como debía integrarse la SCJN, pudiendo decir que se elegían por "voto popular".

El sistema planteado en la Constitución de 1857 pretendía dotar de legitimación a las elecciones, pues, el país, las entidades federativas y los municipios representaban un número determinado de votos, un sistema similar al de Estados Unidos donde cada distrito representa un número determinado de votos, este sistema buscaba propiciar la participación ciudadana, con representantes electorales ajenos al grupo en turno en el poder y con la aprobación de la ciudadanía en la elección y conformación de los poderes del Estado, este sistema representó la participación ciudadana dentro del proceso electoral sin colapsar el sistema y las instituciones causando la desaprobación de las elecciones por parte de la ciudadanía.

Desde la Constitución de 1857 no surgieron grandes cambios en materia del poder judicial, no es sino hasta el fin de la revolución mexicana cuando surge la Constitución de 1917 como nuevo ordenamiento jurídico para regir a toda la República Mexicana, en dicho documento se plantearon y realizaron diversos cambios, entre los cuales también se cambia el proceso de elección e integración de la SCJN donde el artículo 96 expresaba claramente el procedimiento para la integración de la Suprema Corte de Justicia de la Nación en el cual el pueblo participaba de manera indirecta y a través de sus representantes dentro del poder Legislativo, quedando el procedimiento de la siguiente manera:

Art. 96.- Los miembros de la Suprema Corte de Justicia de la Nación serán electos por el Congreso de la Unión en funciones de Colegio Electoral, siendo indispensable que concurran cuando menos las dos terceras partes del número total de diputados y senadores. La elección se hará en escrutinio secreto y por mayoría absoluta de votos. Los candidatos se propondrán, uno por cada Legislatura de los Estados, según disponga la ley local respectiva. Si no se obtuviere mayoría absoluta en la primera votación, se repetirá entre los dos candidatos que hubieren obtenido más votos. (Constitución Política de los Estados Unidos Mexicanos, 1917, art. 96)

Dentro de la exposición de motivos de la Constitución de 1917 se establece en reiteradas ocasiones, que, dicho ordenamiento debe precisar la forma en que deberá hacerse efectiva la división de poderes y evitar el intervencionismo del poder ejecutivo dentro de los demás poderes, practica que resultaba normalizada en el entonces en que se redactaba el texto constitucional, decidiendo el constituyente, que, debía asegurarse que el poder ejecutivo se viera limitado o impedido en su intervención para con el poder legislativo y judicial, y así dar un golpe sobre la mesa y dejar claras las reglas de la división y la autonomía de los poderes públicos, por lo que era necesario crear un gobierno fuerte para evitar un accionar autoritario y antidemocrático por parte del poder ejecutivo y brindarle protección y seguridad jurídica a los habitantes del país.

La primera reforma judicial fue el 20 de agosto de 1928, donde se reformaba el proceso de elección para ministros de la SCJN. La reforma planteaba la intervención del Poder Ejecutivo en dicho proceso donde este debía proponer una terna conformada por operadores del derecho, que debía someterse a la votación del Congreso en función de colegio electoral y quien obtuviera el voto de las dos terceras partes del Congreso, sería nombrado ministro de la SCJN.

Otro de los grandes cambios en materia judicial se realizó el 19 de febrero de 1951, pues, es en esta fecha en que se aprobó una reforma constitucional donde se modificaba el número de magistrados que integrarían la SCJN, siendo 21 los magistrados que conformarían a la corte y ya no 11 como se había establecido dentro del texto original de la Constitución de 1917, estableciéndose, que, además de los 21 magistrados debían elegirse cinco ministros supernumerarios quienes solo podían suplir la faltas temporales de los magistrados dentro de las salas de la SCJN, esta reforma al aumentar el número de magistrados pretendía que la corte realizara un análisis más profundo de los asuntos que fueran de su conocimiento así como evitar que estos sufrieran retardos, todo ello para proporcionar una verdadera justicia pronta y expedita.

En el año de 1994 nuevamente se aprobó una reforma en materia del poder judicial donde el artículo 94 establecía que "la Suprema Corte de Justicia de la Nación se compondrá de once ministros y funcionará en pleno o en salas" (Constitución de los Estados Unidos Mexicanos, 1917, art. 94), modificando el número de ministros que integran la SCJN regresando al número original que se estableció desde el texto constitucional de 1917, de igual forma, se creó el Consejo de la Judicatura Federal el cual sería el encargado de "la administración, vigilancia y disciplina del Poder Judicial de la Federación, con excepción de la Suprema Corte de Justicia de la Nación" (Constitución Política de los Estados Unidos Mexicanos, art. 100).

El Poder Judicial federal mexicano no había sufrido cambios importantes desde la creación del Consejo de la Judicatura en 1994, por lo cual, el 15 de septiembre de 2024, el Congreso de la Unión reformó nuevamente la mecánica de selección de los integrantes de la judicatura para implementar la elección de jueces por voto popular, figura que no se había visto desde 1857 con la elección de ministros de la SCJN, no obstante el sistema planteado en la reforma de 2024 pretendía la participación de todo el padrón electoral en una elección que debía realizarse en menos de un año, lo que ha llevado al trabajo a marchas forzadas y vicios en el proceso electoral.

II. La Constitución de 1917 y el Poder Judicial

La constitución de 1917 surge del movimiento revolucionario mexicano el cual tenía como principal objetivo el reconocimiento de derechos y garantías sociales, así como derrocar el gobierno del General Porfirio Díaz el cual llevaba 27 años en el poder y que se caracterizó por ser una dictadura donde los derechos y garantías eran para quien podía pagarlas y no de goce universal como hoy día.

Dicho texto constitucional "fue pionera en el reconocimiento de los derechos sociales y laborales emanados del liberalismo francés a nivel mundial" (BBC, 2024), pues, dicho texto representaba la cúspide de un movimiento revolucionario que buscaba reconocer los derechos y prerrogativas de las personas, así como demostrar, que, el Estado tenía que estar al servicio del pueblo y no esté al servicio del Estado y de la clase política, por lo cual, dicho ordenamiento jurídico se crea bajo el principio de la división de poderes, estableciéndose mecanismos para que el Estado no recayera nuevamente en los caprichos del Poder Ejecutivo y creando así una nueva dictadura donde el último tema de la agenda sería el respeto a los derechos humanos, así quedo expresado dentro de la exposición de motivos de la Constitución de 1917.

La esencia misma del texto constitucional de 1917 consistía en dos puntos medulares, reconoces los derechos sociales en favor de las personas y establecer el principio de división de poderes, esto derivado del constante influyentísimo o control del Poder Ejecutivo sobre los Poderes Legislativo y Judicial donde estos se sometían por completo a los caprichos y órdenes del Presidente de la República, por lo cual, había que dejar claro, que, el Poder Ejecutivo jamás podría influir en las determinaciones de otro órgano del Estado.

Por lo cual se crea un nuevo Poder Judicial, el cual se presentaba como un contrapeso y un órgano del Estado completamente autónomo y que jamás debía ceder ante los caprichos de un Poder Ejecutivo que tratara de recuperar el poder que algún día poseyó a lo largo de la historia mexicana, por lo cual, el Poder Judicial Federal es el encargado de la impartición de justicia además de representar un contrapeso para el accionar de los demás poderes de la Unión, pues, es este el que tiene a su cargo el dirimir conflictos y controversias surgidos entre particulares, entre estos y un ente público y entre dos o más poderes públicos, todo esto de forma objetiva y profesional respetando el orden constitucional y los estándares internacionales estipulados por los tratados de los que México es parte, para evitar la impunidad y el accionar déspota de la autoridad.

Asimismo, dicho texto constitucional reconocía una figura que blindaba los derechos y prerrogativas de las personas y que representaba un verdadero medio de defensa en contra del gigante que representaba el Estado, el juicio de amparo tiene, hasta la fecha, "como principal objetivo asegurar la protección y garantía de los derechos humanos de todas las personas frente a actos, omisiones o normas emitidas y aplicadas por cualquier autoridad en nuestro país, sin importar si se trata de autoridades locales o federales" (Unidad General de Conocimiento Científico y Derechos Humanos de la Suprema Corte de Justicia de la Nación, 2023), dejando en claro, que, bajo ningún precepto se debía volver a ceder a los caprichos autoritarios del Poder Ejecutivo para no repetir la historia en donde México era sometido a un régimen dictatorial.

En todo momento se presenta al Poder Judicial de la Federación como un contrapeso que tenía como finalidad proteger los derechos de las personas, así como mantener a los órganos del Estado dentro del límite de sus funciones para así poder imponer un verdadero estado de derecho en donde los órganos públicos tuvieran como fin último el irrestricto respeto a los derechos humanos.

Dicho texto constitucional continua vigente hasta la fecha, no obstante, ha sufrido una gran cantidad de reformas en su texto original siendo uno de los textos constitucionales más reformados del mundo, pues, "desde su promulgación hasta febrero de 2025, la Constitución de 1917 se ha modificado 841 veces... Estos cambios han sido plasmados en 261 decretos publicados en el Diario Oficial de la Federación y apenas han dejado menos de una veintena de artículos sin modificaciones, de los 136 artículos de la Constitución, solamente 17 conservan su redacción original de 1917" (López, 2025), manteniendo la esencia del texto original, pero con la adaptación al contexto social e histórico de la sociedad mexicana actual.

No obstante, es de mencionar que desde el año 2018, con la instauración de un nuevo régimen en el gobierno mexicano, el texto constitucional de 1917 ha sufrido una gran variedad de modificaciones tendientes a "salvaguardar" los derechos y garantías de las personas frente al gigante que representa el Estado, pero, muchas de estas reformas, aunque tienen un fin noble, carecen de sustento o lógica alguna, pues, se suelen contradecir con los derechos que pretenden salvaguardar o atribuyen competencias que no corresponden a diversos órganos del Estado, lo cual deja en un preocupante estado de vulneración los derechos de los mexicanos que en un largo plazo pueden sentar un precedente preocupante y que pudiera ser utilizado para doblegar a las clases más vulnerables.

III. La nueva reforma al poder judicial mexicano

En México, desde la promulgación del texto constitucional de 1917 el Poder Judicial federal es el encargado de la impartición de justicia además de representar un contrapeso para el accionar de los demás poderes de la Unión, pues, es este el que tiene a su cargo el dirimir conflictos y controversias surgidos entre particulares, entre estos y un ente público y entre dos o más poderes públicos, todo esto de forma objetiva y profesional respetando el orden constitucional y los estándares internacionales estipulados por los tratados de los que México es parte, para evitar la impunidad y el accionar déspota de la autoridad.

Por lo cual, el 15 de septiembre de 2024 el Congreso General de los Estados Unidos Mexicanos una serie de reformas constitucionales, las cuales tienen como justificación, que, "era necesario democratizar la judicatura para combatir la corrupción y tener un poder judicial más cercano a la gente" (Chávez & Castillo, s.f., párr. 3), todo esto derivado de la percepción del Poder Ejecutivo y Legislativo en torno al Poder Judicial, debido a que dicho poder "responde a los intereses de unos cuántos y no al interés de la mayoría" (Chávez & Castillo, s.f., párr. 3), por ello, una de las principales soluciones fue la implementación mediante la elección popular de ministros, magistrados y jueces, el pueblo es quien decidirá quien estará capacitado para ser persona juzgadora para así "tener un poder judicial más cercano a la gente" (Chávez & Castillo, 2025, párr. 3).

La elección de jueces mediante voto popular pretende dotar al poder judicial de "legitimación", pues, al tener la intervención directa del electorado este poder público solo "podrá" atender a los intereses del pueblo mismo, por lo cual es la forma más eficaz de acabar con la corrupción y nepotismo que existía dentro de este y crear una institución cercana al pueblo, sin embargo esta propuesta va en contra sentido de los estándares interamericanos establecidos en su sentencias y sus jurisprudencia sostenidos por la Corte Interamericana de Derechos Humanos, pues este mismo tribunal ha reiterado que es necesario, que, "se cuente con un adecuado proceso de nombramiento, con una duración establecida en el cargo y con una garantía contra presiones externas" (Corte Interamericana de Derechos Humanos, 2001).

Otro de los cambios contenidos en el proyecto de reforma es el tiempo en el que los jueces deberán resolver los asuntos que sean de su conocimiento, pues, se establece que "los Tribunales Administrativos como las Juezas y Jueces de Distrito y Tribunales de Circuito del Poder Judicial de la Federación o, en su caso, la Suprema Corte de

Justicia de la Nación, deberán resolver en un máximo de seis meses" (Constitución Política de los Estados Unidos Mexicanos, 1917, Artículo 17), de primer momento, esto presupone celeridad en los asuntos, no obstante esto no puede estar más alejado de la verdad, pues, forzar el plazo de resolución presupone que los asuntos sean resueltos tan apresuradamente que el juzgador no tenga la oportunidad de realizar un análisis profundo de la complejidad de cada caso particular.

Dentro del artículo 94 se reforman diversas disposiciones, una de ellas es el número de ministros que conforman la Suprema Corte de Justicia de la Nación (SCJN), pues, pasa de ser conformada por 11 ministros a solamente nueve, de igual forma deja de funcionar en salas y sesionara solamente en pleno, desapareciendo así las salas de especialización; asimismo, se establece un nuevo método para la designación de la presidencia de la SCJN el cual señala, que, la "presidencia se renovará cada dos años de manera rotatoria en función del número de votos que obtenga cada candidatura en la elección respectiva, correspondiendo la presidencia a quienes alcancen mayor votación." (Constitución Política de los Estados Unidos Mexicanos, 1917, Artículo 94), siendo así un premio para los ministros que hayan obtenido un mayor número de votos en las urnas.

Otro de los cambios más importantes contenidos dentro de la reforma constitucional son los requisitos para ser persona juzgadora, pues, ahora solamente es necesario contar con título profesional de licenciado en derecho y un promedio general de 8 puntos o 9 en materias relacionadas con el cargo a aspirar, y no haber sido parte del poder legislativo o del poder ejecutivo, dejando de manifiesto, que, cualquier persona con título profesional de licenciado en derecho puede ser parte del Poder Judicial y administrar justicia a las personas que día con día sufren violaciones a sus derechos.

De igual forma, en el artículo 96 constitucional se establece el procedimiento para la elección de jueces, magistrados y ministros, donde se estipula, que, "el Senado de la República publicará la convocatoria para la integración del listado de candidaturas dentro de los treinta días naturales siguientes a la instalación del primer periodo ordinario de sesiones del año anterior al de la elección que corresponda" (Constitución Política de los Estados Unidos Mexicanos, 1917, Artículo 96) dicha convocatoria contendrá las etapas así como los plazos; asimismo cada Poder de la Unión podrá registrar el número de candidaturas que crea necesarias, dichas candidaturas serán revisadas y aprobadas por los comités evaluadores para posteriormente remitir las postulaciones al Instituto Nacional Electoral (INE) el cual será encargado del todo el proceso electoral.

Otro de los grandes cambios que se presentan dentro de la reforma al poder judicial es la extinción del Consejo de la Judicatura Federal, institución que fue creada en 1994 con la finalidad de llevar el control administrativo y disciplinar del poder judicial de la federación con excepción de la Suprema Corte de Justicia de la Nación, dicha institución era la encargada de llevar a cabo uno de los procedimientos más importantes para la selección y adscripción de jueces y magistrados, los concursos de oposición premiaban la meritocracia, pues, solo los aspirantes mejores preparados eran los que llegaban a ocupar los puestos de jueces y magistrados, fortaleciendo de esta manera las actividades de la escuela federal de formación judicial.

Dentro del artículo 100 constitucional se establece la integración y la competencia del tribunal de disciplina judicial, el cual "se integrará por cinco personas electas por la ciudadanía a nivel nacional conforme al procedimiento establecido en el artículo 96 de esta Constitución" (Constitución Política de los Estados Unidos Mexicanos, 1917, art. 100), de igual forma se establece, que, estos durarán en su encargo 6 años, además quedaran inhabilitados para desempeñar otro periodo dentro de dicho tribunal, por lo cual una vez siendo electo para desempeñar el cargo, se queda inhabilitado para poder ser reelecto para algún periodo posterior.

De igual forma, se establece, que, el Tribunal de disciplina judicial funcionará en pleno o comisiones y se le concede la facultad discrecional de "ordenar oficiosamente o por denuncia el inicio de investigaciones, atraer procedimientos relacionados con faltas graves o hechos que las leyes señalen como delitos, ordenar medidas cautelares y de apremio" (Constitución Política de los Estados Unidos Mexicanos, 1917, art. 100), aunque dicha facultad discrecional simboliza una gran arma para actores políticos que vean a los jueces y magistrados como un obstáculo para sus intereses, pues, representa un sistema que pudiera ser manipulado para alejarse de su objetivo original, tribunal que se utilizará como un instrumento de presión política para desmantelar y someter la función jurisdiccional.

Asimismo, el tribunal de disciplina judicial tendrá dentro de sus competencias la evaluación de jueces y magistrados, determinará si estos cumplen de manera satisfactoria con su encargo y en caso de cumplir de manera insatisfactoria, el tribunal podrá establecer medidas de fortalecimiento para desempeño del cargo o en su caso la separación del mismo hasta por un año, donde se determinará la restitución del cargo o la destitución del mismo, no obstante es necesario señalar, que, no se establecen criterios de evaluación por lo que esta podría ser subjetiva alejada de los verdaderos resultados, pudiendo ser utilizada como un arma para deshacerse de juzgadores que resultasen incomodos para los intereses de determinados grupos de poder.

Otro de los muchos cambios que plantea la reforma al poder judicial, son los efectos de las sentencias de las acciones de inconstitucionalidad y de las controversias constitucionales, pues, de acuerdo a lo establecido dentro del artículo 105 constitucional, las sentencias que se dicten en dichos medios de control constitucional "sólo podrán declarar la invalidez de las normas impugnadas, siempre que fueren aprobadas por una mayoría de cuando menos seis votos" (Constitución Política de los Estados Unidos Mexicanos, 1917, art. 105), asimismo en ningún caso se podrá si quiera plantear la suspensión de la norma general para poder realizar un análisis profundo del acto sin el riesgo de que este deje de surtir sus efectos y el juicio resulte improcedente.

El juicio de amparo también sufrió ciertos cambios derivado de la reforma al poder judicial, pues, se establece que las sentencias dictadas en este medio de control constitucional "sólo se ocuparán de personas quejosas que lo hubieren solicitado, limitándose a ampararlas y protegerlas" (Constitución Política de los Estados Unidos Mexicanos, 1917, art. 107), dejando claro, que, la justicia y protección de los derechos humanos solo será para aquellos que puedan pagarla, pues, las sentencias no podrán surtir efectos generales, por lo cual cada quejoso deberá tramitar su propia juicio de amparo implicando gastos y costas elevados para cada quejoso.

Asimismo, la única vía para determinar la inconstitucionalidad de una norma es mediante la jurisprudencia, pues, se establece que si en el "plazo de 90 días naturales no se supera el problema de inconstitucionalidad, la Suprema Corte de Justicia de la Nación emitirá, siempre que fuere aprobada por una mayoría de cuando menos seis votos, la declaratoria general de inconstitucionalidad" (Constitución Política de los Estados Unidos Mexicanos, 1917, art. 107), alejándose de la idea de crear un poder judicial "cercano" a las personas y demostrando ser una institución que atiende a los intereses del poder.

De igual forma cabe destacar, que, esta serie de reformas al Poder Judicial se plantearon e implementaron para sus homólogos en las entidades federativas en el artículo 8 transitorio párrafo segundo dándole 180 días para la implementación de dicho sistema así como en la Ciudad de México, siendo una reforma compleja la cual cambia por completo el panorama a nivel nacional como local, donde, tanto al Instituto Nacional Electoral (INE) como a los Organismos Públicos Locales Electorales (OPLEs) les espera una ardua labor en la organización y realización del proceso electoral para personas juzgadoras.

IV. La reforma judicial y los derechos humanos

En México, desde el 2011 se han aprobado una serie de reformas constitucionales orientadas a la protección, promoción y respeto de los derechos humanos de las personas dentro del territorio nacional, creando así un estado de derecho para todas las personas procurando el respeto a la dignidad y limitando el accionar del Estado, pues, esté no puede realizar acto alguno que afecte y vulnere cualquier derecho humano contenido dentro de la Constitución o de algún tratado internacional.

La reforma constitucional al Poder Judicial transgrede el principio y estándar internacional para la protección, promoción y respeto a los derechos humanos, "El principio de independencia judicial constituye uno de los pilares básicos del Estado de derecho y por ende de la democracia. Debe ser respetado en todas las áreas del procedimiento y ante todas las instancias procesales" (Silva, 2022), dicho principio se considera la base que debe seguir todo sistema judicial, pues, este principio asegura, que, el actuar de las personas juzgadoras sea con estricto apego y respeto a los derechos humanos de corte constitucional y convencional y en pro de preservar la dignidad de las personas tratando de proporcionar verdadera justicia, no obstante, la reforma al Poder Judicial quebranta totalmente dicho principio desde que este queda a merced de los caprichos y deseos del régimen político.

Dicha reforma afecta gravemente a los derechos humanos de los justiciables, pues, no solo se plantcó una reestructuración total del Poder Judicial sino que se modificaron competencias y alcances de los tribunales y figuras jurídicas desmantelando totalmente el estado de derecho que se había creado desde la reforma constitucional en derechos humanos del 2011, unas de las instituciones jurídicas más afectadas es el juicio de amparo, la acción de inconstitucionalidad y la controversia constitucional.

El juicio de amparo, el arma más poderosa para la defensa de los derechos humanos de las personas, quedó completamente desmantelado con dicha reforma constitucional, pues, una de las principales modificaciones que sufrió este medio de control es que jamás podrá tener efectos generales, lo cual atenta en contra del principio de economía procesal, pues, genera gastos procesales innecesarios desde el momento en que las sentencias del juicio de amparo "sólo se ocuparán de personas quejosas que lo hubieren solicitado, limitándose a ampararlas y protegerlas" (Constitución Política de los Estados Unidos Mexicanos, 1917), pues todo aquel que se vea afectado por el acto reclamado deberá interponer su juicio de amparo particular, dejando en claro que la justicia solo podrá ser para aquellos que puedan pagarla dejando en evidente vulnerabilidad los derechos humanos de las personas ante el accionar despótico de las autoridades.

Destacó que, con la modificación de los efectos de la sentencia del juicio de amparo, se da un retroceso enorme en derechos humanos, pues, en 1951 también se reformó para que el juicio de amparo solo lo limitara a proteger y amparar a aquellas personas que pudieran pagar la justicia, lo que se modificó con el tiempo para que llegara a grupos vulnerables que no tenían los recursos necesarios para acceder a dicho medio de control constitucional.

Otro de los cambios irracionales que sufre el juicio de amparo, es que, solo los Tribunales Colegiados de Circuito, por jurisprudencia, o la SCJN, por precedente, pueden determinar la inconstitucionalidad de una norma general, limitando los alcances y el accionar del medio de control siendo una mera simulación para pretender brindar "justicia" que poco hará para frenar las acciones arbitrarias del Estado y sus órganos.

La reforma judicial plantea que la resolución de la Acción de Inconstitucionalidad y la Controversia Constitucional solo puede tener efectos generales, siempre que el proyecto de sentencia obtenga la mayoría de al menos 6 votos de 9 ministros de la SCJN con su nueva conformación.

1. Aspectos Negativos de la Reforma al Poder Judicial

Esta Reforma más allá de plantear una justicia cercana a las personas o un mecanismo anticorrupción dentro del Poder Judicial, plantea un retroceso en materia de derechos humanos donde todo recae en una mera simulación para que se "protejan, promuevan y respeten" los derechos humanos cuando la realidad es que se eliminan los contrapesos que simbolizaba el Poder Judicial y los Medios de Control Constitucional para satisfacer los caprichos del régimen político que gobierna México.

De igual manera es necesario precisar, que, dicha reforma constitucional al Poder Judicial no solo trae consigo el debilitamiento de la propia institución sino que trae repercusiones y preocupación en el ámbito internacional, pues, diversos organismos, asociaciones y operadores del derecho señalan, que, "el voto popular no le da legitimidad a la actuación de jueces y magistrados" (Ortega, 2024), pues "la iniciativa de reforma constitucional al Poder Judicial de la Federación parte de la falacia de asumir que los jueces electos tienen más legitimidad a partir de un ejercicio de popularidad" (Ortega, 2024).

Uno de los organismos internacionales que ha mostrado gran preocupación por la reforma al poder judicial y el rumbo que pueda darle al Estado mexicano, es la Cámara Americana de comercio (2024), pues expreso que: "vemos en la Reforma al Poder Judicial riesgos en su independencia, y un potencial retraso en la profesionalización de la justicia especializada, incremento en costos, reducción de la efectividad del sistema judicial y la generación de incertidumbre para la inversión".

De igual forma el New York Times (2024) señala, que, "si se adopta, politizará al Poder Judicial hasta hacerlo irreconocible y lo dejaría inoperante para controlar el abuso de poder, institucionalizaría el poder que los grupos de interés podían ejercer sobre todo el poder judicial", dejando en claro que dicha reforma atenta en contra del principio de independencia judicial y de la división de poderes, principios que fueron claves para la creación del estado de derecho que existe en México.

Dentro de los aspectos que más preocupan sobre esta reforma está el riesgo inminente de politización del Poder Judicial. Considerando que los candidatos para votar en la elección popular salieron de un proceso complejo con la participación directa del Poder Ejecutivo, Legislativo y Judicial, pasando un filtro de simpatía con estos poderes para considerarse candidato, además de sentirse presionados a tomar decisiones que agraden o atiendan los intereses de quienes los propusieron. (Chávez & Castillo, 2025).

La reciente reforma al Poder Judicial de la Federación en México ha generado un intenso debate debido a sus implicaciones en la independencia y funcionalidad de esta institución. A pesar de los argumentos oficiales que la presentan como una modernización del sistema judicial, diversos sectores han señalado graves riesgos que podrían debilitar la democracia y el Estado de derecho. A continuación, se analizan los aspectos negativos más relevantes de esta reforma.

• *Ataque a la Independencia Judicial*

Uno de los principales puntos de crítica es que la reforma afecta la independencia del Poder Judicial. La propuesta de elección popular de ministros de la Suprema Corte de Justicia de la Nación (SCJN), jueces y magistrados plantea un problema serio, ya que introduce un componente político en una esfera que debería estar regida por el derecho y no por intereses partidistas. Esta medida podría convertir a los jueces en figuras dependientes de los partidos políticos, debilitando su capacidad de impartir justicia de manera imparcial.

• *Riesgo de Mayor Corrupción*

Al someter la designación de jueces y ministros al voto popular, se corre el riesgo de que estos cargos sean ocupados por personas con mayor afinidad política que capacidad técnica. La competencia electoral en estos procesos podría incentivar el financiamiento de campañas por actores privados con intereses específicos, aumentando la posibilidad de corrupción y tráfico de influencias dentro del sistema judicial, por tanto la justicia no puede ni debe ser considerada popular, este fue una de los principales argumentos utilizados por el Constituyente de Querétaro de 1917, al negarle el carácter de popular o democrático y no hacerlo participe del sistema representativo, pues el gran redactor de la Constitución entendía de los graves riesgos que se corrían.

• *Debilitamiento de los Controles y Contrapesos*

El equilibrio de poderes es un pilar fundamental de cualquier democracia. Con esta reforma, el Ejecutivo podría influir significativamente en el Poder Judicial mediante campañas políticas y el respaldo a candidatos afines. Esto comprometería los contrapesos institucionales y dificultaría que el Poder Judicial actúe con autonomía frente a decisiones del gobierno.

• *Posible Afectación a la Calidad de la Justicia*

La designación de jueces y ministros a través de votaciones populares no garantiza que los seleccionados tengan la formación, experiencia y conocimiento jurídico necesarios para ejercer su labor con excelencia, de manera pronta, completa e imparcial como lo exige el artículo 17 constitucional. En lugar de priorizar la capacidad y la trayectoria profesional, se correría el riesgo de que los criterios de selección se basen en la popularidad y la ideología política de los candidatos, comprometiendo la calidad de la justicia en el país.

• *Inseguridad Jurídica y Falta de Confianza en el Sistema*

Si la ciudadanía percibe que los jueces están sujetos a intereses políticos, la confianza en el sistema judicial se verá gravemente afectada. La incertidumbre sobre la imparcialidad en la resolución de casos podría desalentar la inversión, aumentar la impunidad y debilitar el Estado de derecho, con consecuencias negativas tanto en el ámbito económico como en la gobernabilidad del país. La independencia judicial, el control de la corrupción, la calidad de la impartición de justicia y la confianza en el sistema legal son valores fundamentales que podrían verse erosionados.

V. Los estándares judiciales internacionales

La reforma judicial no puede pasar desapercibida en el plano internacional, pues, el Estado mexicano ha suscrito una gran cantidad de tratados y convenciones con organismos internacionales y otros Estados, principalmente en materia de derechos humanos en las cuales se establece una obligación principal, consistente en el respeto, protección y promoción de estos derechos o prerrogativas, pues, se busca preservar la dignidad de las personas y evitar el actuar autoritario y déspota del grupo en turno en el poder.

Si bien no hay ningún estándar normativo internacional que establezca que los jueces no pueden ser electos popularmente, sí hay todo un desarrollo jurisprudencial en el sistema interamericano de derechos humanos y estándares internacionales del sistema de Naciones Unidas, que establecen la necesidad de contar con un sistema de selección para nombrar a personas íntegras e idóneas con la formación y calificaciones jurídicas necesarias. (Chávez & Castillo, 2025, Impacto en la dependencia judicial, párr. 1).

Uno de los estándares internacionales en materia judicial se presenta en los Congresos de las Naciones Unidas sobre la Prevención del Delito y Tratamiento del Delincuente, donde se establecen medidas y garantías jurisdiccionales para el respeto de los derechos y garantías de las personas delincuentes así como las medidas necesarias para la prevención del delito, concretamente en el séptimo congreso celebrado en Milán en 1985 que establece un punto importante que se ve directamente violentado por la reforma judicial, pues, dicha convención establece que:

Los jueces resolverán los asuntos que conozcan con imparcialidad, basándose en los hechos y en consonancia con el derecho, sin restricción alguna y sin influencias, alicientes, presiones, amenazas o intromisiones indebidas, sean directas o indirectas, de cualesquiera sectores o por cualquier motivo. (Congreso de las Naciones Unidas sobre Prevención del Delito y Tratamiento del Delincuente, 1985).

Lo cual se ve directamente violado con varios preceptos de la reforma constitucional al Poder Judicial, pues, se establece el plazo máximo de seis meses para que sea dictada la sentencia de cualquier asunto lo cual restringe y condiciona a la persona juzgadora para no realizar un análisis profundo de cada caso en particular y una ponderación de los derechos en relación con los hechos y pruebas expuestos en el proceso judicial.

De igual forma, los candidatos o aspirantes a ser personas juzgadoras deberán aprobar los filtros subjetivos del Poder Ejecutivo, Legislativo y Judicial, ya que para este efecto discrecionalmente cada órgano del Estado integrará sus comités de selección, pues, solo se requiere título debidamente expedido y un promedio general de 8 puntos, por lo cual es bastante predecible decir, que, dicha situación será aprovechada para colocar aspirantes cercanos al régimen político.

Otro de los puntos preocupantes de la reforma judicial es la creación del Tribunal de Disciplina Judicial, el cual se presenta como un tribunal de inquisición por medio del cual ningún juez ira contra las órdenes que les den de parte del régimen político, dicho organismo también fue replicado en la República Bolivariana de Venezuela y por medio del cual se realizó la destitución de personas juzgadoras bajo el argumento de haber atentado en contra de las garantías de las personas, no obstante la Corte Interamericana de Derechos Humanos (CIDH) en el caso Reverón Trujillo vs Venezuela decretó que dicho organismo hizo todo menos una destitución apegada a derecho, condenando al Estado venezolano a la reparación, asimismo, la corte "considera que uno de los objetivos principales que tiene la separación de los poderes públicos, es la garantía de la independencia de los jueces"(Corte Interamericana de Derechos Humanos [CIDH], 2021).

Dicha reforma al Poder Judicial atenta directamente contra una diversidad de instrumentos internacionales o convencionales entre los cuales podemos mencionar los Principios Básicos Relativos a la Independencia de la Judicatura, que establecen una diversidad de preceptos que garantizan la inamovilidad de jueces y magistrados, particularmente los numerales 10, 11 y 12 establecen para el Estado mexicano la adopción de medidas necesarias para respetar el derecho humano de las personas juzgadoras a la inamovilidad del cargo salvo condiciones de destitución por faltas graves o en su caso por jubilación o superación del tiempo de desempeño del cargo.

Dentro de este marco convencional cuya observancia es obligatoria para el Estado mexicano también encontramos el T-MEC, que representa el tratado más importante que ha suscrito México en materia comercial pues este simboliza el ingreso de millones de pesos desde remesas hasta inversión extranjera regulados por dicho tratado, que en su artículo 24.9 numeral 1 establece, que, los firmantes de dicho documento internacional establecerán tribunales y procesos judiciales y administrativos, además de que estos "tribunales serán imparciales e independientes" (Tratado Entre los Estados Unidos Mexicanos, los Estados Unidos de América y Canadá, 2019), por lo cual, la reforma al Poder Judicial atenta contra lo pactado en este instrumento internacional, pues, desde el momento en que la justicia atiende a las exigencias de las masas estos no pueden ser imparciales y por ende provocaría la politización de la justicia y del Poder Judicial pasando a ser instituciones en donde los derechos mismos serían un lujo para las personas, pues, solo se seguirían tendencias irracionales.

Otro de los instrumentos internacionales vulnerados por la reforma al poder judicial es la Convención Americana sobre Derechos Humanos también llamado Pacto de San José de Costa Rica, que establece la obligación de todos los estados miembros del sistema interamericano de respetar los derechos humanos consagrados dentro de dicho documento internacional; pues el mismo establece, en su artículo 8, que "toda persona tiene derecho a ser oída, con las debidas garantías y dentro de un plazo razonable, por un juez o tribunal competente, independiente e imparcial" (Convención Americana sobre Derechos Humanos, 1978), aunque el gobierno y la sociedad en general no quiera aceptarlo, la verdad es que la nueva reforma al Poder Judicial propicia que la justicia deje de atender al derecho y solo atienda a los intereses de las masas y las tendencias de la misma llevando hacia la politización de un órgano del Estado destinado a ser un contrapeso.

Otro de los ordenamientos internacionales afectados por la reforma constitucional del 15 de septiembre es la Agenda 2030 de las Naciones Unidas, este es uno de los principales ordenamientos para la protección y promoción de los derechos humanos, en su objetivo 16.a se establece, que, los Estados Parte realizarán esfuerzos para "fortalecer las instituciones nacionales pertinentes, incluso mediante la cooperación internacional" (Agenda 2030, 2015), lo cual establece la obligación del Estado mexicano a procurar el fortalecimiento de las instituciones para que estas sean imparciales, objetivas y transparentes, no obstante, la reforma al poder judicial del 2024 parece ir encaminada en sentido contrario al espíritu de este plan de acción, pues, pretende el debilitamiento del Poder Judicial al evitar la permanencia y la constancia, pues, no contemplan muchos supuestos de derecho y los mecanismos planteados para la evaluación del desempeño así como para evitar la corrupción dentro del órgano del Estado son deficientes.

De igual forma, es necesario resaltar que la elección de jueces mediante voto popular no es algo nuevo, pues, México lo implemento en 1857, por lo que simboliza un retroceso, dicho sistema de elección popular se justifica bajo el argumento que nuestro vecino y socio comercial más importante también implementa este sistema, no obstante este mecanismo de selección solo aplica para los juzgados locales y no federales, pues, "el modelo judicial adoptado en Estados Unidos resulta del establecimiento de una dualidad jurisdiccional , la federal y la estatal, lo cual se traduce en que el Poder Judicial está compuesto de dos niveles jurisdiccionales independientes uno del otro"

(Elección de autoridades jurisdiccionales: países seleccionados, 2024, pp. 11), por lo cual, el sistema judicial se haya claramente dividido en la esfera de competencias de los jueces locales y de los jueces federales.

De igual manera existen países como Suiza y Japón donde se realizan elecciones populares en torno a la renovación del Poder Judicial, no obstante no son ni de cerca similares a lo planteado en la reforma constitucional mexicana, pues, en Suiza se realizan dichas elecciones en entidades independientes aunque es necesario resaltar que existe un debate permanente para eliminar está situación de derecho, la situación en Japón es diferente, pues, los jueces se designan "por el Poder Ejecutivo y cada 10 años deben someterse a una votación popular para la ratificación en sus cargos" (Calderón, 2024), dejando de manifiesto que a pesar de ser quienes proporcionaran justicia a las personas que acudan a los juzgados, los juzgados federales se encargan de asuntos tan complejos y delicados que no pueden ser designados por voto popular ni se pueden influenciar de las modas sociales, sino que deberán realizar un análisis profundo donde determinen a quien le asiste el derecho y la razón.

Nos encontramos frente a una reforma constitucional que van a cambiar de manera dramática el rumbo del derecho en México. Reformas que surgen de un diagnóstico sobre el Poder Judicial y sus vicios, que es parcialmente correcto, pero cuyo remedio de modo alguno no contribuirá a erradicar sus males. Por el contrario, evidentemente los agravará. Y es que desde luego es cierto que los Poderes Judiciales locales se han contaminado de una corrupción indigna y galopante, que incide directamente en la correcta administración de justicia en todas las entidades federativas, incluyendo a la Ciudad de México.

También es cierto que el Poder Judicial Federal ha sido víctima de un aumento en la corrupción, aun cuando hoy es mucho menor a lo que sucede en los poderes judiciales locales. Pero como sea, ha incrementado de manera alarmante.

Por cuanto a dicho Poder Judicial Federal, ese aumento en la corrupción obedece, entre otros factores, al incremento de "lobistas judiciales" (pseudo abogados, ex funcionarios judiciales, familiares de funcionarios judiciales, etc.) que son en realidad corruptores; a la politización de los miembros del Consejo de la Judicatura Federal -que en algunos casos se convirtieron en obscuros y ocultos litigantes-, así como de las presiones de inescrupulosos grupos de poder del sector público y también privado.

En otro orden de ideas, es cierto que existen distintas formas de designar juzgadores y que una de ellas es la elección popular. Sin embargo, tal y como lo plantea la reforma en México no habrá una verdadera elección, porque esta estará supeditada y comprometida a los intereses políticos del Estado y de ninguna manera procurará una adecuada administración de la justicia.

Una elección supone que los electores conozcan quienes son los candidatos para los cargos a ocupar. Si el elector desconoce quiénes figuran en una boleta, no puede exigírsele que decida objetivamente entre las opciones presentadas.

En el caso de jueces, magistrados y ministros, conforme a la propuesta de reforma, los electores no van a conocer a los candidatos. A la hora de la elección no los conocerán ni superficialmente, ni acaso sus nombres. Tampoco podrá votarse con base en un criterio a su pertenencia a partidos políticos. El elector no contará con elementos objetivos para tomar una decisión racional entre las opciones presentadas. Maxime, cuando será un número elevado de candidatos e igualmente un número considerable de cargos a jueces y magistrados en disputa (no así en el caso de ministros de la SCJN).

Se puede vislumbrar desde hoy una muy baja participación de la ciudadanía en las elecciones. Es previsible que quienes participen lo harán sin la información y conocimiento mínimo sobre los candidatos, o lo que será más grave, bajo consignas indebidas.

VI. Elección de jueces en México

Desde el texto constitucional de 1824 se planteaba la elección de jueces, principalmente de los integrantes de la Suprema Corte de Justicia de la Nación, pero esto a través de la cámara de diputados, pues, estos representaban al pueblo y tomaban las decisiones importantes apegados con los intereses de las personas o grupos que representaban, al menos esa era la intención de este sistema de elección.

No obstante, en la Constitución de 1857 también se establecen los requisitos de integración y funcionamiento de la SCJN, que, según los artículos 91 y 92, se integraba por 15 ministros, que duraban seis años y se seleccionarían mediante elección directa en primer grado.

Derivado de esto surge una interrogante ¿cómo funcionaba la elección indirecta en primer grado? El pueblo votaba por representantes electorales según fueran divididos los distritos electorales de acuerdo al municipio y a la entidad federativa, estos eran quienes se encargaban propiamente de elegir mediante escrutinio secreto al Presidente de la República y al Presidente de la Suprema Corte de Justicia, de igual forma, los representantes electorales eran los encargados de realizar la elección de magistrados de la SCJN, la cual, de acuerdo con el numeral 48 de la Ley Orgánica Electoral, "se harán al tercer día de haberse nombrado los diputados, eligiéndose uno a uno diez propietarios, cuatro suplementarios, un fiscal y un procurador" (Ley Orgánica Electoral, 1857, art. 48), siendo representantes del pueblo los que elegían como debía integrarse la SCJN, pudiendo decir que se elegían por "voto popular".

Después de la promulgación de la constitución de 1917 los jueces y magistrados eran designados al cargo por algo que se denominó "carrera judicial" la cual "constituye un sistema institucional del proceso de ingreso, formación, promoción, evaluación del desempeño, permanencia y separación de las personas servidoras públicas de carácter jurisdiccional del Poder Judicial de la Federación" (Consejo de la Judicatura Federal, 2024), que premiaba la meritocracia para poder aspirar a dichos cargos, mientras que los ministro de la Suprema Corte eran designados mediante el Congreso de la Unión en colaboración del Presidente de la República en representación de los intereses del pueblo.

La elección de jueces es un tema de moda que surgió a raíz de la reforma constitucional del 15 de septiembre de 2024, en la cual se realizaron una serie de modificaciones a la

Constitución para reformar al poder judicial y ciertos mecanismos de control constitucional, pero lo cierto es, que, esto no es nada nuevo para el Estado Mexicano, ya que el primer ordenamiento constitucional supremo del Estado mexicano que previo dicho supuesto fue la constitución federal de 1857, la cual planteaba un procedimiento para la elección de ministros de la Suprema Corte mediante que atendía a las condiciones sociales de la época así como de las propias instituciones electorales existentes.

Dicha reforma propuso diversos cambios entre los cuales se planteó la extinción del consejo de la judicatura federal, el cual durante 30 años se encargó de la administración, vigilancia y disciplina del Poder Judicial y de realizar los procedimientos necesarios para la capacitación y selección del personal del Poder Judicial, dando entrada al Órgano de Administración y al Tribunal de Disciplina Judicial, cada órgano será compuesto por cinco integrantes, los integrantes del Tribunal de Disciplina Judicial serán electos por la ciudadanía durante el proceso electoral propuesto por la propia reforma, mientras, que, los integrantes del Órgano de Administración serán designados por el Presidente de la República, por el Congreso de la Unión y por la SCJN.

Asimismo, se destacan la elección de jueces por voto popular, desde juzgados de distrito hasta Suprema Corte, cosa que no se veía desde la constitución de 1857, por lo cual pasa a ser irrelevante la experiencia y la carrera judicial para llegar a tales puestos, pues, con dicha reforma el tener los conocimientos, aptitudes y competencias pasa a segundo plano, pues, todo se regirá por la popularidad y la política, siendo este uno de los puntos más criticables de la reforma citada ya que se elimina por completo la especialización y carrera judicial, pues el artículo 96 constitucional se señalan como requisitos mínimos el contar con título profesional de licenciado en derecho y calificación mínima de ocho puntos como promedio general por lo que esta reforma abandona por completo la especialización de la función jurisdiccional.

De igual forma la reforma reduce el número de ministros a nueve y la corte solo funcionará en pleno eliminando las salas, de igual forma la presidencia de la corte se renovará de forma rotativa cada dos años con relación al número de votos obtenidos.

Otro de los requisitos a destacar, son los requisitos de elegibilidad para ser parte del Poder Judicial de la Federación como juez, magistrado o ministros, pues, solo es necesario:

"Poseer el día de la publicación de la convocatoria señalada en la fracción I del artículo 96 de esta Constitución título profesional de licenciado en derecho expedido legalmente, un promedio general de calificación de cuando menos ocho puntos o su equivalente y de nueve puntos o su equivalente en las materias relacionadas con el cargo al que se postula en la licenciatura, especialidad, maestría o doctorado, y práctica profesional de cuando menos cinco años en el ejercicio de la actividad jurídica." (Constitución Política de los Estados Unidos Mexicanos, 1917, art. 95).

VII. El proceso electoral judicial extraordinario de 2025

Derivado de la reforma constitucional del 15 de septiembre de 2024 en materia del Poder Judicial mexicano, se implementó el denominado proceso electoral judicial extraordinario para elegir jueces, magistrados y ministros mediante voto popular, el cual iniciaba con mucha incertidumbre, pues, una gran parte de la ciudadanía mexicana, activistas, asociaciones y medios de comunicación especulaban que México no contaba con instituciones electorales lo suficientemente fuertes para poder desarrollar dicho proceso electoral, pues, este modelo ya se había replicado en Bolivia teniendo graves problemas como la corrupción y la falta de independencia judicial así como una baja participación ciudadana por no comprender la complejidad de los cargos a elegir.

El espectáculo de la reforma al poder judicial comenzó con la insaculación, por parte de la cámara de senadores, para los cargos que debían someterse a elección popular, pues, "El salón de plenos cambió la tribuna de debate por una tómbola llena de bolas con números. Con ellas, los legisladores eligieron al azar los primeros juzgados que pasarán por las urnas en una elección sin precedentes en México. En total, unos 1.600 cargos judiciales serán renovados a través de este método (Corona, 2024), no obstante, dicha insaculación plago aún más de dudas el proceso electoral, pues, al ser una elección masiva de cargos hubo diversos errores con la elección de los cargos y la insaculación.

Una vez elegidos los puestos que debían someterse al proceso electoral extraordinario surgía otra incógnita ¿el Instituto Nacional Electoral (INE) contaba con presupuesto e infraestructura suficiente para dicha elección?, pues, dicha institución jamás había realizado una elección de tal magnitud donde se eligieran diversos cargos judiciales, esto solamente a nivel federal sin tomar en cuenta las elecciones locales de cada entidad federativa, por lo cual el INE solicitó una partida presupuestaria que ascendía a los 13 mil millones de pesos, no obstante solo fueron aceptados 6,329 millones de pesos para la organización del referido proceso comicial en el que se elegirán cargos de ministros, magistrados y jueces (Ramos, 2024), en donde, con un presupuesto limitado debían habilitar "más de 172 mil casillas… y la contratación de al menos 50 mil Capacitadores Asistentes Electorales para llevar a cabo la preparación de las ciudadanas y ciudadanos que fungirán como funcionarios de casilla" (Núñez & Ortiz, 2024).

Las acciones de los órganos interventores dentro del proceso electoral judicial solamente plagaron de incertidumbre dicho proceso, pues, existieron errores en los registros de los aspirantes a jueces, magistrados y ministros del Poder Judicial Federal y por consecuencia el retraso en la impresiones de las boletas para la elección, pues, dentro del sistema de registro se repitieron nombres en reiteradas ocasiones así como se aprobaron aspirantes que no cumplían con los requisitos requeridos por la ley esto derivado del poco tiempo con el que se contaba para el análisis y aprobación de todos y cada uno de los perfiles de los aspirantes.

De igual forma, otro de los grandes problemas que se vislumbraban en dicho proceso electoral era la participación ciudadana, pues, se tenía una "proyección de participación ciudadana que apenas ronda el 10%, según el INE" (Maldonado, 2025), simbolizando una amenaza latente para la legitimación de dicho capricho impulsado por el régimen actual en México, pues, seria evidente que dicha elección sería un fracaso total.

A pesar de la falta presupuestal, de personal, las irregularidades presentadas por parte de los comités evaluadores en cuanto a los aspirantes a las candidaturas dentro del Poder Judicial y las incertidumbres en cuanto a la participación ciudadana, se realizaron las elecciones judiciales el 01 de junio de 2025, la cual no demostró mejoras, pues, se presentaron irregularidades en la apertura de casillas así como largas filas para poder emitir el voto por la cantidad de aspirantes y cargos dentro de las boletas electorales, al cierre de las urnas se hizo notoria la baja participación ciudadana, pues, derivado de los primeros conteos preliminares se preveía una participación ciudadana que apenas llegaba al 10% del padrón electoral, no obstante, "De acuerdo con los datos de las proyecciones estadísticas del Instituto Nacional Electoral (INE), las estimaciones rondan entre el 12,5% y el 13,3% de participación total, con esta asistencia a las urnas se convierte en la elección menos concurrida desde 1994" (San Juan, 2025), por lo cual, muchos medios de comunicación daban por hecho, que, dicho capricho del régimen actual mexicano fue todo un fracaso por contar con prácticamente nula participación ciudadana así como legitimación, no obstante, "La Presidenta de México, Claudia Sheinbaum Pardo, destacó que la primera elección democrática del Poder Judicial fue todo un éxito, ya que salieron a votar libremente cerca de 13 millones de mexicanas y mexicanos" (Presidencia de la República, 2025).

A pesar de la casi nula participación ciudadana en el proceso electoral extraordinario, aún era necesario la validación de las candidaturas electas, en donde salió a la luz, que, diversos candidatos que resultaron electos no satisfacían los requisitos estipulados dentro de la propia reforma al Poder Judicial, por lo que no era posible entregar las constancias de validez a todos los candidatos electos, no obstante, no fue sorpresa para nadie, que, el oficialismo realizó presiones para que se entregaran las constancias por lo que "el Instituto ha declarado la validez de los comicios de cada una de las seis elecciones del Proceso Electoral Extraordinario y procederá a la entrega de las constancias correspondientes a magistraturas y personas juzgadoras de Distrito" (Instituto Nacional Electoral, 2025), dejando en claro, que, uno de los grandes miedos de dicha reforma se había hecho realidad, ya no existían contrapesos para los caprichos del Poder Ejecutivo y era este el que determinaba el sentido o criterio que debía seguirse, culminando con la validación de la elección del poder judicial.

Otro de las grandes irregularidades presentadas durante el proceso electoral del Poder Judicial, fue la circulación de diversos "acordeones" o volantes los cuales influían en el sentido del voto y en donde en todos y cada uno de estos aparecían candidatos alineados con los intereses del régimen actual de México, por lo que, " El Instituto Nacional Electoral (INE) recibió 29 quejas en contra de los llamados "acordeones" o guías de votación a favor de candidaturas que contendieron en el Proceso Electoral Extraordinario para la elección de diversos cargos del Poder Judicial de la Federación (PEEPJF) 2024-2025 (INE, 2025), a pesar de ello, los efectos conseguidos por dichas listas no pasaban desapercibidos, pues, se reproducían y repartían en gran masa, lo cual demostró un fuerte influyentísimo en el voto de las personas.

Posteriormente a las elecciones, "se verificaron un total de 847 expedientes de las candidaturas con mayor número de votos: 462 de personas electas para Magistraturas de Circuito y 385 para juzgadoras de Distrito" (INE, 2025), asimismo, "en el caso de Magistraturas de Circuito, tres candidaturas no cumplieron con el requisito de promedio general de calificación de cuando menos ocho puntos y en 21 casos, no cumplieron con el promedio de nueve puntos en las materias relacionadas con el cargo" (INE, 2025), mientras, que, en las candidaturas a jueces de distrito "seis candidaturas no cumplieron con el requisito de promedio general de calificación de cuando menos ocho puntos y 15 casos, no cumplieron con el promedio de nueve puntos en las materias relacionadas con el cargo" (INE, 2025), lo cual despertó muchas dudas e incertidumbre acerca de esta elección judicial.

VIII. Desafíos y retos post elección y rumbo a las elecciones de 2027

Derivado de la validación de las elecciones por parte del INE y posterior a la emisión de las constancias de validez, los candidatos debían protestar el cargo ante el Senado de la República, por lo cual, el 01 de septiembre de 2025 se realizó la protesta de 875 de los 881 jueces federales seleccionados, la cual finalizó a la 01:20 del 2 de septiembre del 2025, esto marcó el inicio de un nuevo Poder Judicial, uno electo mediante el voto popular.

Lo que más destaco de dicha protesta fue una ceremonia religiosa originaria de purificación y consignación, pues, "el oficialismo dispuso toda una liturgia con aires tradicionales para que los ministros electos recibieran bastones de mando de comunidades indígenas, para representar la legitimidad popular con la que inicia esta nueva época del Supremo" (Raziel, 2025), con la finalidad de presentar a un Poder Judicial cercano al pueblo y defensor de los grupos vulnerables y de sus intereses, dando el mensaje de que el Poder Judicial "terminaría" con la era de corrupción y nepotismo que gobernaba dentro de dicho órgano del Estado.

Poco después de la toma de protesta de los jueces, magistrados y ministros y de su inicio de actividades, estos no tardaron en mostrar los primeros problemas en el desempeño de su encargo, pues, en redes sociales comenzaron a circular diversas audiencias no solo de jueces de distrito sino de los propios ministros de la Suprema Corte de Justicia en donde solicitan la intervención directa de sus colaboradores o secretarios, inclusive de jueces que no conocen las etapas de los procesos judiciales cometiendo errores garrafales que vician e invalidan tales procesos así como vulneran los derechos humanos y procesales de las partes involucradas, por lo que la opinión popular decidió denominarlos como "jueces del bienestar" por carecer de habilidades y conocimientos para el cargo siendo simplemente jueces impuestos por el oficialismo.

Otro de los grandes errores cometidos por los nuevos ministros de la Suprema Corte de Justicia de la Nación (SCJN), fue cometido por el ministro Giovanni Azael Figueroa Medina el cual, en la primer sesión de la SCJN expreso que estaría por el sobreseimiento de diversos artículos cuando el sobreseimiento no es aplicable a ningún artículo de ningún ordenamiento legal, por lo que las redes sociales no se hicieron esperar para dejar en claro, que, los nuevos ministros de la corte no cuentan con las capacidades y competencias para desarrollar tal cargo. Este no es el único caso que se ha presentado con los nuevos jueces del Poder Judicial sino, que, ha habido una diversidad de casos en que se aplican ordenamientos legales de manera inexacta o se violenta directamente el debido proceso, invalidándolo y dejando el derecho a la justicia a la deriva.

Asimismo, existen jueces recién electos que pretenden separarse del cargo bajo el argumento de prepararse para el cargo, tal es el caso de la jueza Irlanda Gabriela Pacheco Torres "ella asumió el cargo el 01 de septiembre por el distrito de Iztapalapa en materia penal en la Ciudad de México, 9 días después solicito permiso para ausentarse 7 meses sin goce de sueldo" (Latinus, 2025), lo cual sienta un precedente preocupante, pues, a menos de un mes de la toma de protesta de los cargos a jueces, magistrados y ministros, estos pretenden abandonar los cargos por la falta de competencias, lo cual es preocupante para los derechos y garantías de las personas, principalmente los referentes al acceso a la justicia.

La elección de jueces sienta un precedente preocupante, pues, fue un proceso plagado de irregularidades que atentaron en contra de la propia democracia que pretendía defender, así como de aspirantes y candidatos que no cumplen los requisitos estipulados por la propia reforma al Poder Judicial o cuentan con las competencias necesarias para poder desempeñar dicho cargo, excusándose bajo el argumento de hallarse en una curva de aprendizaje.

Asimismo, la extremadamente baja participación ciudadana derivado del poco conocimiento de las funciones del Poder Judicial, también es algo preocupante, pues, abre las puertas para atentar en contra de la democracia que se pretende defender, pues, el voto puede ser influenciado por el partido que ostente o bien la Presidencia de la República o la mayoría en el Congreso de la Unión, alejándose de ser un proceso democrático a ser un proceso que solo atiende a los intereses del grupo en turno en el poder.

Se espera, que, los demás cargos que serán sometidos a votación popular en el año 2027, tal y como establece la normativa, sea a través de un proceso mejor planeado con un INE con mayor presupuesto y mejor organizado, no obstante, esto no quiere decir que no se repitan las irregularidades de las elecciones pasadas, lo cual resulta preocupante, pues, en un país con niveles altos de corrupción un Poder Judicial verdaderamente imparcial e independiente representaba una luz de esperanza dentro de tanta obscuridad e injusticias por parte de las autoridades del Estado que en la mayoría de los casos aparentan ser intocables e intolerantes ante las leyes cuando les conviene.

Conclusiones

La reforma al Poder Judicial del 15 de septiembre de 2024 se presenta como una solución a la corrupción y el nepotismo que gobernaba dentro del Poder Judicial, de acuerdo a la percepción del Congreso de la Unión y de la persona titular del Poder Ejecutivo federal para tener un poder judicial más cercano a la gente, ambos dominados completamente por un solo partido político, esta percepción errónea y equivocada debido a que, el Poder Judicial de la federación, mediante los diferentes mecanismos de control constitucional existentes, frenaron una gran cantidad de proyectos, en donde se tenían fuertes intereses políticos, debido a que se hallaban plagados de corrupción y de violaciones a derechos humanos de corte constitucional y convencional, por lo cual, era necesario buscar una manera de desmantelar al Poder Judicial para tener el camino libre en diferentes proyectos beneficiosos para el régimen político.

Dicha reforma se aprobó bajo diferentes inconvenientes, pues, las personas juzgadoras, integrantes del Poder Judicial, abogados y estudiantes de derecho de diversas instituciones de educación superior se postularon completamente en contra de lo planteado por el ejecutivo, pues, esta iba en contra de todo el orden constitucional por el cual se había realizado una lucha histórica culminando con la constitución de 1917 en donde se expresa, dentro de la exposición de motivos, que dicho ordenamiento jurídico se crea bajo el principio de la división de poderes, estableciéndose mecanismos para que el Estado no recayera nuevamente en los caprichos del Poder Ejecutivo y creando así una nueva dictadura donde el último tema de la agenda sería el respeto a los derechos humanos.

La reforma al Poder Judicial modificó y creó instituciones bajo el argumento de fortalecer la democracia y acabar con la corrupción dentro del Poder Judicial, no obstante, se puede prever que dichas instituciones serán utilizadas para un fin completamente contrario al de su creación, pues, estas atenderán a la voluntad del régimen político quien fue el que los colocó en dichos cargos, pues, se prevé que haya una "proyección de participación ciudadana que apenas ronda el 10%, según el INE" (Maldonado, 2025), situación que aprovechara el régimen político para influenciar en la designación de los cargos sometidos a votación popular.

Esta reforma desmantela no solo con el orden constitucional previamente creado sino que también atenta contra los estándares internacionales y regionales, que establecen para el Estado mexicano la obligación, no solo de respetar, promover y proteger los derechos humanos de las personas, sino que también se le impone la obligación de crear instituciones imparciales, transparentes e independientes de los demás poderes del Estado, derivado de ello existe gran preocupación de la comunidad internacional, pues, se teme que la concentración del poder, la poca participación ciudadana y el debilitamiento de las instituciones lleve a México a la instauración y consolidación de una dictadura, mediante el constitucionalismo abusivo tal y como ha sucedido en algunos países de la región donde mediante modificaciones a las instituciones les ha permitido la instauración de un régimen hegemónico dictatorial antidemocrático que desprecia los pilares de la democracia y la esencia de los derechos humanos, y que ni siquiera el mismísimo pueblo sea capaz de restaurar el orden constitucional y el estado de derecho.

Esta reforma nos obliga a plantearnos la siguiente interrogante ¿verdaderamente estas modificaciones no propician la instauración de una dictadura o de una falsa democracia? La respuesta solo la puede dar el tiempo, pues, el alto índice de aprobación del partido político en el poder actualmente en México, hacen que sea casi imposible crear una verdadera oposición o un verdadero contrapeso que delimite los alcances que pueden llegar a tener los caprichos del régimen político y se dedique a, verdaderamente, proteger los derechos e intereses de las personas frente al gigante que representan los órganos del Estado.

Asimismo, es necesario hacer una observación importantísima, este sistema de elección del Poder Judicial mediante voto popular por su especial naturaleza, no es recomendable replicar en Estados con índices altos de corrupción, pues, tal y como se presentó en México se puede prestar a, que, el grupo en turno en el poder pueda persuadir a la población para imponer de forma "democrática" a candidatos que atiendan y defiendan sus intereses, propiciando un Poder Judicial protector del oficialismo y que tenga como última de las preocupaciones los interés de la población.

De igual forma, es necesario decir, que, dicho sistema no puede funcionar con candidatos con poca o nula experiencia o competencias para desarrollarse como persona juzgadora, pues, la importancia y relevancia del cargo no permiten errores, pues, se ven comprometidos derechos y prerrogativas no solo a nivel local o nacional sino también las contenidas dentro de instrumentos internacionales que pudieran traer consecuencias o responsabilidades frente a organismos regionales.

REFERENCIAS

Agenda 2030 para el Desarrollo Sostenible, objetivo 16.a. 25 de septiembre de 2015.

Calderón, C. (28 de junio de 2024). *Desde Bolivia hasta Japón: países donde eligen a jueces y magistrados por votación popular.* Uno TV. https://www.unotv.com/nacional/paises-donde-eligen-a-jueces-y-magistrados-por-votacion-popular/

Chávez, J. & Castillo, C. (06 de marzo de 2025). *Reforma Judicial en México: Un precedente preocupante para América Latina.* Agenda Estado de Derecho. https://agendaestadodederecho.com/reforma-judicial-en-mexico/

Congreso de las Naciones Unidas sobre Prevención del Delito y Tratamiento del Delincuente. Numeral 2. 06 de septiembre de 1985.

Constitución Política de los Estados Unidos Mexicanos [CPEUM]. Artículo 17. 5 de febrero de 1917 (México).

Constitución Política de los Estados Unidos Mexicanos [CPEUM]. Artículo 94. 5 de febrero de 1917 (México).

Constitución Política de los Estados Unidos Mexicanos [CPEUM]. Artículo 100. 5 de febrero de 1917 (México).

Constitución Política de los Estados Unidos Mexicanos [CPEUM]. Artículo 105. 5 de febrero de 1917 (México).

Constitución Política de los Estados Unidos Mexicanos [CPEUM]. Artículo 96. 05 de febrero de 1917 (México).

Constitución Política de los Estados Unidos Mexicanos [CPEUM]. Artículo 100. 05 de febrero de 1917 (México).

Constitución Política de los Estados Unidos Mexicanos [CPEUM]. Artículo 95. 05 de febrero de 1917 (México).

Constitución Política de los Estados Unidos Mexicanos [CPEUM]. Art. 107. 05 de febrero de 1917.

Convención Americana sobre Derechos Humanos. Artículo 8. 18 de julio de 1978.

Ley Orgánica Electoral. 12 de febrero de 1857. DOF 12-02-1857

Maldonado, M. (13 de marzo de 2025). Los saldos del desaire a Sheinbaum en el Zócalo. *El Universal.* https://www.eluniversal.com.mx/opinion/mario-maldonado/los-saldos-del-desaire-a-sheinbaum-en-el-zocalo/

Rodríguez, J. & Barrón, M. (2024). *Elección de autoridades jurisdiccionales: países seleccionados*. Instituto Belisario Domínguez. http://bibliodigitalibd.senado.gob.mx/handle/123456789/6299

Silva, J. (21 de marzo de 2022). *Independencia judicial y sus desafíos en los sistemas democráticos, El caso México*. Nexos. http://eljuegodelacorte.nexos.com.mx/independencia-judicial-y-sus-desafios-enlossistemasdemocraticoselcasomexico/#:~:text=El%20principio%20de%20independencia%20judicial,los%20derechos%20de%20la%20persona

Tratado Entre los Estados Unidos Mexicanos, los Estados Unidos de América y Canadá. Protocolo Modificatorio al Tratado Entre los Estados Unidos Mexicanos, los Estados Unidos de América y Canadá. Estados Unidos Mexicanos, Estados Unidos de América & Canadá. Artículo 29.4. 12 de diciembre de 2019.

Tribunal Constitucional vs Perú. No. 71. Juicio. (31 de enero de 2021)

Constitución Política de los Estados Unidos Mexicanos [CPEUM]. Art. 6. 04 de octubre de 1824.

BBC. (20 de noviembre de 2024). Revolución Mexicana: en qué consistió y quiénes fueron los principales líderes. BBC NEWS. https://www.bbc.com/mundo/articles/cq8vpdw370eo

López, A. (04 de febrero de 2025). Constitución de 1917: ¿cuántas veces se ha reformado y cómo se promulgó? *El país.* https://elpais.com/mexico/2025-02-05/constitucion-de-1917-cuantas-veces-se-ha-reformado-y-como-se-promulgo.html

Unidad General de Conocimiento Científico y Derechos Humanos de la Suprema Corte de Justicia de la Nación. (2023). *Apuntes procesales para la defensa de los derechos humanos JUICIO DE AMPARO.* Suprema Corte de Justicia de la

Nación.https://www.scjn.gob.mx/derechoshumanos/sites/default/files/Publicaciones/archivos/2024-02/apuntes-procesales-juicio-amparo.pdf

Corona, S. (12 de octubre de 2024). El Senado mexicano sortea los cargos judiciales que serán sometidos a voto popular en 2025. *El País*. https://elpais.com/mexico/2024-10-12/el-senado-mexicano-sortea-los-cargos-judiciales-que-seran-sometidos-a-voto-popular-en-2025.html

Ramos, R. (26 de diciembre de 2024). Avanza la elección judicial del 2025 pese al recorte en presupuesto. *El Economista.* https://www.eleconomista.com.mx/politica/avanza-eleccion-judicial-2025-pese-recorte-presupuesto-20241226-739814.html

Núñez, E.& Ortiz, A. (11 de diciembre de 2024). *El recorte presupuestal al INE pone en riesgo la elección del Poder Judicial.* Animal Político. https://animalpolitico.com/politica/recorte-presupuesto-ine-eleccion-judicial

San Juan, P. (02 de junio de 2025). La elección judicial registra la participación más baja en 30 años. *El País.* https://elpais.com/mexico/2025-06-03/graficos-la-eleccion-judicial-registra-la-participacion-mas-baja-en-30-anos.html

Presidencia de la República. (02 de junio de 2025). En elección judicial votaron más del doble que la consulta de juicio a expresidentes y de los votos que obtuvo la oposición en 2024. Gobierno de México. https://www.gob.mx/presidencia/prensa/en-eleccion-judicial-votaron-mas-del-doble-que-la-consulta-de-juicio-a-expresidentes-y-de-los-votos-que-obtuvo-la-oposicionen2024#:~:text=La%20Presidenta%20de%20M%C3%A9xico%2C%20Claudia,expresidentes%2C%20que%20se%20realiz%C3%B3%20en

Instituto Nacional Electoral [INE]. (26 de junio de 2025). *Declara INE validez de la elección de Magistradas y Magistrados de Circuito y de personas juzgadoras de Distrito.* http://centralelectoral.ine.mx/2025/06/26/declara-ine-validez-de-la-eleccion-de-magistradas-y-magistrados-de-circuito-y-de-personas-juzgadoras-de-distrito/

INE. (04 de junio de 2025). *Recibe INE 29 denuncias en contra de los llamados "acordeones" o guías de votación a favor de candidaturas que contendieron en la elección judicial.* https://centralelectoral.ine.mx/2025/06/04/recibe-ine-29-denuncias-en-contra-de-los-llamados-acordeones-o-guias-de-votacion-a-favor-de-candidaturas-que-contendieron-en-la-eleccion-judicial/

INE. (26 de junio de 2025). *Declara INE validez de la elección de Magistradas y Magistrados de Circuito y de personas juzgadoras de Distrito.* https://www.dgej.cjf.gob.mx/resources/infoRelevante/carreraJudicial.pdf

Consejo de la Judicatura Federal. (03 de septiembre de 2024). Carrera Judicial Información Estadística. Poder Judicial de la Federación. https://www.dgej.cjf.gob.mx/resources/infoRelevante/carreraJudicial.pdf

Raziel, Z. (02 de septiembre de 2025). La nueva Suprema Corte se encomienda a Quetzalcóatl. *El País.* https://elpais.com/mexico/2025-09-02/la-nueva-suprema-corte-se-encomienda-a-quetzalcoatl.html

Latinus. [latinus_us]. (18 de septiembre de 2025). *#LatinusDiario. El pleno del Senado niega la licencia a Irlanda Gabriela Pacheco, jueza recién electa.* #Latinus [Vídeo]. TikTok. https://vt.tiktok.com/ZSDaWfPLb/

www.ingramcontent.com/pod-product-compliance
Lightning Source LLC
LaVergne TN
LVHW022324200926
848481LV00004B/1415
* 9 7 9 8 8 9 9 6 6 1 7 7 8 *